"하나님은 아프게 하시다가
싸매시며 상하게 하시다가
그의 손으로 고치시나니"

욥5:18

상한 감정을 위로하는 **치유노트**

초판 1쇄 인쇄 2020년 02월 15일
초판 1쇄 발행 2020년 02월 20일

지은이 Team-sebi
펴낸이 백도연
펴낸곳 도서출판 세움과비움

신고번호 제2012-000230호
주 소 서울 마포구 양화로16길 2층
Tel. 070-8862-5683
Fax. 02-6442-0423
seumbium@naver.com

ISBN 978-89-98090-31-9

값 4,900원

상한 감정을 위로하는

Team-sebi
캘리그라퍼 글사나이

Healing Note

SEUMBIUM. Pub

어디서, 어떻게 상처를 허락할 수밖에 없었을까?

☐ 회사의 프로젝트 업무 회의 시 동료와의 이견으로 인한 충돌로 인해 자존심에 상처를 입음

☐ 나를 잘 알지 못하는 사람으로 부터의 아무렇지 않은 듯 무시하는 느낌을 받았을 때

☐

☐

☐

상처를 어떻게 치유할 수 있을까.

상처를 치유하는 말씀과 기도

성경 : 모든 겸손과 온유를 하고 오래 참음으로 사랑 가운데서 서로 용납하고 에베소서 4:2

너희에게 인내가 필요함은 너희가 하나님의 뜻을 행한 후에 약속을 받기 위함이라 히브리서 10:36

기도 : 하나님 내가 참지 못하고 만들어 놓은 상처에 스스로 상처받지 않기 원합니다.

또 하나님이 주시는 위로로 평안케 하시고 회복하게 도와주소서.

— 어디서, 어떻게 상처를 허락할 수밖에 없었을까? —

☐

☐

☐

☐

☐

— 상처를 어떻게 지유할 수 있을까. —　　♥　　— 상처를 치유하는 말씀과 기도 —

한 번 더 마음을 추슬러 참아보기로 한다.　　　　성경 :

나로부터 안 좋은 일들이 시작된 것은 아닌지 지난 과정을

차분히 생각해보고 내가 먼저 상처주는 말과 행동을 하

지는 않았는지 되새겨본다.

기도 :

○   ○   ○   ○   ○   ○   ○   ○   ○   ○   ○   ○
JAN   FEB   MAR   APR   MAY   JUN   JUL   AUG   SEP   OCT   NOV   DEC

1   2   3   4   5   6   7   8   9   10 11 12 13 14 15
16 17 18 19 20 21 22 23 24 25 26 27 29 30 31

어디서, 어떻게 상처를 허락할 수밖에 없었을까?

☐

☐

☐

☐

☐

상처를 어떻게 치유할 수 있을까

상처를 치유하는 말씀과 기도

| ○ | ○ | ○ | ○ | ○ | ○ | ○ | ○ | ○ | ○ | ○ | ○ |
| JAN | FEB | MAR | APR | MAY | JUN | JUL | AUG | SEP | OCT | NOV | DEC |

1 2 3 4 5 6 7 8 9 10 11 12 13 14 15
16 17 18 19 20 21 22 23 24 25 26 27 29 30 31

어디서, 어떻게 상처를 허락할 수밖에 없었을까?

☐

☐

☐

☐

☐

상처를 어떻게 치유할 수 있을까.

상처를 치유하는 말씀과 기도

어디서, 어떻게 상처를 허락할 수밖에 없었을까?

☐

☐

☐

☐

☐

상처를 어떻게 치유할 수 있을까.

상처를 치유하는 말씀과 기도

1 2 3 4 5 6 7 8 9 10 11 12 13 14 15

16 17 18 19 20 21 22 23 24 25 26 27 29 30 31

어디서, 어떻게 상처를 허락할 수밖에 없었을까?

☐

☐

☐

☐

☐

상처를 어떻게 치유할 수 있을까.

상처를 치유하는 말씀과 기도

1 2 3 4 5 6 7 8 9 10 11 12 13 14 15
16 17 18 19 20 21 22 23 24 25 26 27 29 30 31

어디서, 어떻게 상처를 허락할 수밖에 없었을까?

☐

☐

☐

☐

☐

상처를 어떻게 치유할 수 있을까.

상처를 치유하는 말씀과 기도

○   ○   ○   ○   ○   ○   ○   ○   ○   ○   ○   ○
JAN   FEB   MAR   APR   MAY   JUN   JUL   AUG   SEP   OCT   NOV   DEC

1   2   3   4   5   6   7   8   9   10 11 12 13 14 15
16 17 18 19 20 21 22 23 24 25 26 27 29 30 31

어디서, 어떻게 상처를 허락할 수밖에 없었을까?

☐

☐

☐

☐

☐

상처를 어떻게 치유할 수 있을까.

상처를 치유하는 말씀과 기도

1 2 3 4 5 6 7 8 9 10 11 12 13 14 15
16 17 18 19 20 21 22 23 24 25 26 27 29 30 31

어디서, 어떻게 상처를 허락할 수밖에 없었을까?

☐

☐

☐

☐

☐

상처를 어떻게 치유할 수 있을까.

상처를 치유하는 말씀과 기도

어디서, 어떻게 상처를 허락할 수밖에 없었을까?

☐

☐

☐

☐

☐

상처를 어떻게 치유할 수 있을까.

상처를 치유하는 말씀과 기도.

어디서, 어떻게 상처를 허락할 수밖에 없었을까?

☐

☐

☐

☐

☐

상처를 어떻게 치유할 수 있을까.

상처를 치유하는 말씀과 기도

— 어디서, 어떻게 상처를 허락할 수밖에 없었을까?

☐

☐

☐

☐

☐

— 상처를 어떻게 치유할 수 있을까.

— 상처를 치유하는 말씀과 기도

— 어디서, 어떻게 상처를 허락할 수밖에 없었을까? —

☐

☐

☐

☐

☐

— 상처를 어떻게 치유할 수 있을까. —

— 상처를 치유하는 말씀과 기도 —

어디서, 어떻게 상처를 허락할 수밖에 없었을까?

☐

☐

☐

☐

☐

상처를 어떻게 치유할 수 있을까.

상처를 치유하는 말씀과 기도

1 2 3 4 5 6 7 8 9 10 11 12 13 14 15
16 17 18 19 20 21 22 23 24 25 26 27 29 30 31

어디서, 어떻게 상처를 허락할 수밖에 없었을까?

☐

☐

☐

☐

☐

상처를 어떻게 치유할 수 있을까.

상처를 치유하는 말씀과 기도

어디서, 어떻게 상처를 허락할 수밖에 없었을까?

☐

☐

☐

☐

☐

상처를 어떻게 치유할 수 있을까.

상처를 치유하는 말씀과 기도

어디서, 어떻게 상처를 허락할 수밖에 없었을까?

☐

☐

☐

☐

☐

상처를 어떻게 지우할 수 있을까

상처를 치유하는 말씀과 기도

1   2   3   4   5   6   7   8   9   10   11   12   13   14   15
16   17   18   19   20   21   22   23   24   25   26   27   29   30   31

어디서, 어떻게 상처를 허락할 수밖에 없었을까?

☐

☐ .

☐

☐

☐

상처를 어떻게 치유할 수 있을까.

상처를 치유하는 말씀과 기도

어디서, 어떻게 상처를 허락할 수밖에 없었을까?

☐

☐

☐

☐

☐

상처를 어떻게 치유할 수 있을까.

상처를 치유하는 말씀과 기도

어디서, 어떻게 상처를 허락할 수밖에 없었을까?

☐

☐

☐

☐

☐

상처를 어떻게 치유할 수 있을까.

상처를 치유하는 말씀과 기도

어디서, 어떻게 상처를 허락할 수밖에 없었을까?

☐

☐

☐

☐

☐

상처를 어떻게 치유할 수 있을까.

상처를 치유하는 말씀과 기도

어디서, 어떻게 상처를 허락할 수밖에 없었을까?

☐

☐

☐

☐

☐

상처를 어떻게 치유할 수 있을까.

상처를 치유하는 말씀과 기도

1 2 3 4 5 6 7 8 9 10 11 12 13 14 15
16 17 18 19 20 21 22 23 24 25 26 27 29 30 31

어디서, 어떻게 상처를 허락할 수밖에 없었을까?

☐

☐

☐

☐

☐

상처를 어떻게 치유할 수 있을까.

상처를 치유하는 말씀과 기도

어디서, 어떻게 상처를 허락할 수밖에 없었을까?

☐

☐

☐

☐

☐

상처를 어떻게 치유할 수 있을까.

상처를 치유하는 말씀과 기도

—— 어디서, 어떻게 상처를 허락할 수밖에 없었을까? ——

☐

☐

☐

☐

☐

—— 상처를 어떻게 치유할 수 있을까. ——

—— 상처를 치유하는 말씀과 기도 ——

어디서, 어떻게 상처를 허락할 수밖에 없었을까?

☐

☐

☐

☐

☐

상처를 어떻게 치유할 수 있을까.

상처를 치유하는 말씀과 기도

어디서, 어떻게 상처를 허락할 수밖에 없었을까?

☐

☐

☐

☐

☐

상처를 어떻게 치유할 수 있을까.

상처를 치유하는 말씀과 기도

— 어디서, 어떻게 상처를 허락할 수밖에 없었을까?

☐

☐

☐

☐

☐

— 상처를 어떻게 치유할 수 있을까.

— 상처를 치유하는 말씀과 기도

○ JAN　○ FEB　○ MAR　○ APR　○ MAY　○ JUN　○ JUL　○ AUG　○ SEP　○ OCT　○ NOV　○ DEC

1　2　3　4　5　6　7　8　9　10　11　12　13　14　15
16　17　18　19　20　21　22　23　24　25　26　27　29　30　31

어디서, 어떻게 상처를 허락할 수밖에 없었을까?

☐

☐

☐

☐

☐

상처를 어떻게 지유할 수 있을까.

상처를 치유하는 말씀과 기도

calendar

JAN   FEB   MAR   APR   MAY   JUN   JUL   AUG   SEP   OCT   NOV   DEC

1   2   3   4   5   6   7   8   9   10 11 12 13 14 15
16 17 18 19 20 21 22 23 24 25 26 27 29 30 31

어디서, 어떻게 상처를 허락할 수밖에 없었을까?

☐

☐

☐

☐

☐

상처를 어떻게 치유할 수 있을까.

상처를 치유하는 말씀과 기도

어디서, 어떻게 상처를 허락할 수밖에 없었을까?

☐

☐

☐

☐

☐

상처를 어떻게 치유할 수 있을까.

상처를 치유하는 말씀과 기도

어디서, 어떻게 상처를 허락할 수밖에 없었을까?

☐

☐

☐

☐

☐

상처를 어떻게 치유할 수 있을까.

상처를 치유하는 말씀과 기도.

1 2 3 4 5 6 7 8 9 10 11 12 13 14 15
16 17 18 19 20 21 22 23 24 25 26 27 29 30 31

어디서, 어떻게 상처를 허락할 수밖에 없었을까?

☐

☐

☐

☐

☐

상처를 어떻게 치유할 수 있을까.

상처를 치유하는 말씀과 기도

1 2 3 4 5 6 7 8 9 10 11 12 13 14 15
16 17 18 19 20 21 22 23 24 25 26 27 29 30 31

어디서, 어떻게 상처를 허락할 수밖에 없었을까?

- ☐
- ☐
- ☐
- ☐
- ☐

상처를 어떻게 치유할 수 있을까.

상처를 치유하는 말씀과 기도

어디서, 어떻게 상처를 허락할 수밖에 없었을까?

☐

☐

☐

☐

☐

상처를 어떻게 치유할 수 있을까.

상처를 치유하는 말씀과 기도

1   2   3   4   5   6   7   8   9   10 11 12 13 14 15
16 17 18 19 20 21 22 23 24 25 26 27 29 30 31

어디서, 어떻게 상처를 허락할 수밖에 없었을까?

☐

☐

☐ '

☐

☐

상처를 어떻게 치유할 수 있을까.

상처를 치유하는 말씀과 기도

1　2　3　4　5　6　7　8　9　10　11　12　13　14　15
16　17　18　19　20　21　22　23　24　25　26　27　29　30　31

어디서, 어떻게 상처를 허락할 수밖에 없었을까?

- [ ]
- [ ]
- [ ]
- [ ]
- [ ]

상처를 어떻게 치유할 수 있을까.

상처를 치유하는 말씀과 기도

1 2 3 4 5 6 7 8 9 10 11 12 13 14 15
16 17 18 19 20 21 22 23 24 25 26 27 29 30 31

어디서, 어떻게 상처를 허락할 수밖에 없었을까?

☐

☐

☐

☐

☐

상처를 어떻게 치유할 수 있을까.

상처를 치유하는 말씀과 기도

어디서, 어떻게 상처를 허락할 수밖에 없었을까?

☐

☐

☐

☐

☐

상처를 어떻게 치유할 수 있을까.

상처를 치유하는 말씀과 기도

어디서, 어떻게 상처를 허락할 수밖에 없었을까?

☐

☐

☐

☐

☐

상처를 어떻게 치유할 수 있을까.

상처를 치유하는 말씀과 기도

○ JAN ○ FEB ○ MAR ○ APR ○ MAY ○ JUN ○ JUL ○ AUG ○ SEP ○ OCT ○ NOV ○ DEC

1 2 3 4 5 6 7 8 9 10 11 12 13 14 15
16 17 18 19 20 21 22 23 24 25 26 27 29 30 31

어디서, 어떻게 상처를 허락할 수밖에 없었을까?

☐

☐

☐

☐

☐

상처를 어떻게 치유할 수 있을까.

상처를 치유하는 말씀과 기도

어디서, 어떻게 상처를 허락할 수밖에 없었을까?

☐

☐

☐

☐

☐

상처를 어떻게 치유할 수 있을까.

상처를 치유하는 말씀과 기도

1   2   3   4   5   6   7   8   9   10   11   12   13   14   15

16   17   18   19   20   21   22   23   24   25   26   27   29   30   31

어디서, 어떻게 상처를 허락할 수밖에 없었을까?

☐

☐

☐

☐

☐

상처를 어떻게 치유할 수 있을까.

상처를 치유하는 말씀과 기도

1 2 3 4 5 6 7 8 9 10 11 12 13 14 15
16 17 18 19 20 21 22 23 24 25 26 27 29 30 31

어디서, 어떻게 상처를 허락할 수밖에 없었을까?

☐

☐

☐

☐

☐

상처를 어떻게 치유할 수 있을까.

상처를 치유하는 말씀과 기도

1   2   3   4   5   6   7   8   9   10 11 12 13 14 15
16 17 18 19 20 21 22 23 24 25 26 27 29 30 31

어디서, 어떻게 상처를 허락할 수밖에 없었을까?

☐

☐

☐

☐

☐

상처를 어떻게 치유할 수 있을까.

상처를 치유하는 말씀과 기도

어디서, 어떻게 상처를 허락할 수밖에 없었을까?

☐

☐

☐

☐

☐

상처를 어떻게 치유할 수 있을까.

상처를 치유하는 말씀과 기도

1　2　3　4　5　6　7　8　9　10　11　12　13　14　15
16　17　18　19　20　21　22　23　24　25　26　27　29　30　31

어디서, 어떻게 상처를 허락할 수밖에 없었을까?

☐

☐

☐

☐

☐

상처를 어떻게 치유할 수 있을까.

상처를 치유하는 말씀과 기도

어디서, 어떻게 상처를 히락할 수밖에 없었을까?

- [ ]
- [ ]
- [ ]
- [ ]
- [ ]

상처를 어떻게 치유할 수 있을까.

상처를 치유하는 말씀과 기도

어디서, 어떻게 상처를 허락할 수밖에 없었을까?

☐

☐

☐

☐

☐

상처를 어떻게 치유할 수 있을까.

상처를 치유하는 말씀과 기도

어디서, 어떻게 상처를 허락할 수밖에 없었을까?

☐

☐

☐

☐

☐

상처를 어떻게 치유할 수 있을까.

상처를 치유하는 말씀과 기도

어디서, 어떻게 상처를 허락할 수밖에 없었을까?

☐

☐

☐

☐

☐

상처를 어떻게 치유할 수 있을까.

상처를 치유하는 말씀과 기도

어디서, 어떻게 상처를 허락할 수밖에 없었을까?

☐

☐

☐

☐

☐

상처를 어떻게 치유할 수 있을까.

상처를 치유하는 말씀과 기도

1 2 3 4 5 6 7 8 9 10 11 12 13 14 15
16 17 18 19 20 21 22 23 24 25 26 27 29 30 31

어디서, 어떻게 상처를 허락할 수밖에 없었을까?

☐

☐

☐

☐

☐

상처를 어떻게 치유할 수 있을까.

상처를 치유하는 말씀과 기도

1 2 3 4 5 6 7 8 9 10 11 12 13 14 15
16 17 18 19 20 21 22 23 24 25 26 27 29 30 31

어디서, 어떻게 상처를 허락할 수밖에 없었을까?

☐

☐

☐

☐

☐

상처를 어떻게 치유할 수 있을까.

상처를 치유하는 말씀과 기도

1   2   3   4   5   6   7   8   9   10   11   12   13   14   15

16   17   18   19   20   21   22   23   24   25   26   27   29   30   31

어디서, 어떻게 상처를 허락할 수밖에 없었을까?

☐

☐

☐

☐

☐

상처를 어떻게 치유할 수 있을까.

상처를 치유하는 말씀과 기도

○   ○   ○   ○   ○   ○   ○   ○   ○   ○   ○   ○
JAN   FEB   MAR   APR   MAY   JUN   JUL   AUG   SEP   OCT   NOV   DEC

1   2   3   4   5   6   7   8   9   10   11   12   13   14   15
16   17   18   19   20   21   22   23   24   25   26   27   29   30   31

어디서, 어떻게 상처를 허락할 수밖에 없었을까?

☐

☐

☐

☐

☐

상처를 어떻게 치유할 수 있을까.

상처를 치유하는 말씀과 기도

어디서, 어떻게 상처를 허락할 수밖에 없었을까?

☐

☐

☐

☐

☐

상처를 어떻게 치유할 수 있을까.

상처를 치유하는 말씀과 기도

어디서, 어떻게 상처를 허락할 수밖에 없었을까?

☐

☐

☐

☐

☐

상처를 어떻게 치유할 수 있을까.

상처를 치유하는 말씀과 기도

○	○	○	○	○	○	○	○	○	○	○	○
JAN	FEB	MAR	APR	MAY	JUN	JUL	AUG	SEP	OCT	NOV	DEC

1 2 3 4 5 6 7 8 9 10 11 12 13 14 15
16 17 18 19 20 21 22 23 24 25 26 27 29 30 31

어디서, 어떻게 상처를 허락할 수밖에 없었을까?

☐

☐

☐

☐

☐

상처를 어떻게 치유할 수 있을까.

상처를 치유하는 말씀과 기도

○ JAN   ○ FEB   ○ MAR   ○ APR   ○ MAY   ○ JUN   ○ JUL   ○ AUG   ○ SEP   ○ OCT   ○ NOV   ○ DEC

1 2 3 4 5 6 7 8 9 10 11 12 13 14 15
16 17 18 19 20 21 22 23 24 25 26 27 29 30 31

— 어디서, 어떻게 상처를 허락할 수밖에 없었을까?

☐

☐

☐

☐

☐

— 상처를 어떻게 치유할 수 있을까.

— 상처를 치유하는 말씀과 기도

1 2 3 4 5 6 7 8 9 10 11 12 13 14 15
16 17 18 19 20 21 22 23 24 25 26 27 29 30 31

어디서, 어떻게 상처를 허락할 수밖에 없었을까?

☐

☐

☐

☐

☐

상처를 어떻게 지울 수 있을까.

상처를 치유하는 말씀과 기도

1 2 3 4 5 6 7 8 9 10 11 12 13 14 15
16 17 18 19 20 21 22 23 24 25 26 27 29 30 31

어디서, 어떻게 상처를 허락할 수밖에 없었을까?

☐

☐

☐

☐

☐

상처를 어떻게 치유할 수 있을까.

상처를 치유하는 말씀과 기도

1 2 3 4 5 6 7 8 9 10 11 12 13 14 15
16 17 18 19 20 21 22 23 24 25 26 27 29 30 31

어디서, 어떻게 상처를 허락할 수밖에 없었을까?

☐

☐

☐

☐

☐

상처를 어떻게 치유할 수 있을까.

상처를 치유하는 말씀과 기도

어디서, 어떻게 상처를 허락할 수밖에 없었을까?

☐

☐

☐

☐

☐

상처를 어떻게 치유할 수 있을까.

상처를 치유하는 말씀과 기도.

1   2   3   4   5   6   7   8   9   10   11   12   13   14   15
16 17 18 19 20 21 22 23 24 25 26 27 29 30 31

어디서, 어떻게 상처를 허락할 수밖에 없었을까?

☐

☐

☐

☐

☐

상처를 어떻게 치유할 수 있을까.

상처를 치유하는 말씀과 기도

1 2 3 4 5 6 7 8 9 10 11 12 13 14 15
16 17 18 19 20 21 22 23 24 25 26 27 29 30 31

어디서, 어떻게 상처를 허락할 수밖에 없었을까?

☐

☐

☐

☐

☐

상처를 어떻게 치유할 수 있을까.

상처를 치유하는 말씀과 기도

○　　　○　　　○　　　○　　　○　　　○　　　○　　　○　　　○　　　○　　　○　　　○
JAN　　FEB　　MAR　　APR　　MAY　　JUN　　JUL　　AUG　　SEP　　OCT　　NOV　　DEC

1　2　3　4　5　6　7　8　9　10　11　12　13　14　15
16　17　18　19　20　21　22　23　24　25　26　27　29　30　31

어디서, 어떻게 상처를 허락할 수밖에 없었을까?

☐

☐

☐

☐

☐

상처를 어떻게 치유할 수 있을까.

상처를 치유하는 말씀과 기도

어디서, 어떻게 상처를 허락할 수밖에 없었을까?

☐

☐

☐

☐

☐

상처를 어떻게 치유할 수 있을까.

상처를 치유하는 말씀과 기도

하나님께서
우리에게
주신 것은
두려워하는
마음이 아니요
오직
능력과 사랑과
근신하는 마음이니

디모데후서 1장 7절

예수께서
이르시되
딸아
네 믿음이
너를 구원하였으니
평안히 가라
네 병에서 놓여
건강할지어다

마가복음 5장 34절

그러므로
내가
너희에게
말하노니
무엇이든지
기도하고
구하는것은
받은줄로 믿으라
그리하면
너희에게
그대로되리라

마가복음11장 24절

만민들
에게는
이런표적이
따르리니
병든 사람에게
손을 얹은즉
나으리니

마가복음15장 17,18절

상처를
두려워 말라

상처를 받은
1분 동안
그대는
60초간의
행복을 잃느니라

괜찮이
키즐되께야

자신에게
토닥여주고
칭찬하리.
모든일을 긍정적으로
받아들이리.

지나쳐라

그리고

돌씹어가라

그 사람들은
너에게
상처를 줄수
없다!

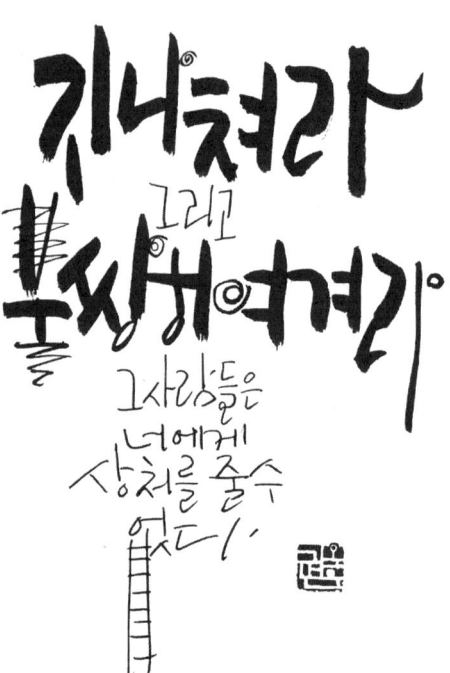

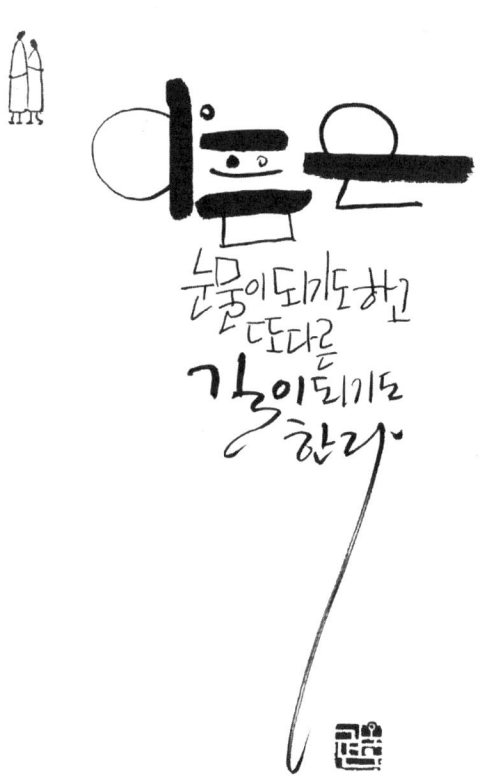

다름은

눈물이되기도하고
또다른
길이되기도
한다

너희 안에서
행하시는 이는
하나님이시니
자기의
기쁘신 뜻을 위하여
너희로
소원을 두고
행하게 하시나니

빌립보서2장 13절

나는 여호와를 향하여
말하기를

그는
나의 피난처요
나의 요새요
내가 의뢰하는
하나님이라
하리니

시편91편 2,3절

이는 그가 너를
새 사냥꾼의 올무에서와
심한 전염병에서
건지실 것임이로다

저기
그말씀을
보내어
저희를 고치시고
위경에서
건지시는도다

시편107편 20절

오직
내 말을 듣는 자는
평안히 살며
재앙의
두려움이 없이
안전하리라

잠언1장 33절

— 어디서, 어떻게 상처를 허락할 수밖에 없었을까? —

☐

☐

☐

☐

☐

— 상처를 어떻게 치유할 수 있을까. — ♥ — 상처를 치유하는 말씀과 기도 —

성경 :

기도 :

— 어디서, 어떻게 상처를 이박할 수박에 없었을까? —

☐

☐

☐

☐

☐

— 상처를 어떻게 치유할 수 있을까. —　　　　♥　　　　— 상처를 치유하는 말씀과 기도 —

성경 :

기도 :

1 2 3 4 5 6 7 8 9 10 11 12 13 14 15
16 17 18 19 20 21 22 23 24 25 26 27 29 30 31

── 어디서, 어떻게 상처를 허락할 수밖에 없었을까? ──────────────────────────

☐

☐

☐

☐

☐

── 상처를 어떻게 치유할 수 있을까. ──────── ♥ ──────── 상처를 치유하는 말씀과 기도 ──

성경 :

기도 :

— 어디서, 어떻게 상처를 허락할 수밖에 없었을까? —

☐

☐

☐

☐

☐

— 상처를 어떻게 치유할 수 있을까. —

               — 상처를 치유하는 말씀과 기도 —

성경 :

기도 :

— 어디서, 어떻게 상처를 허락할 수밖에 없었을까? —

☐

☐

☐

☐

☐

— 상처를 어떻게 치유할 수 있을까. —　　　　　　　— 상처를 치유하는 말씀과 기도 —

성경 :

기도 :

○ JAN ○ FEB ○ MAR ○ APR ○ MAY ○ JUN ○ JUL ○ AUG ○ SEP ○ OCT ○ NOV ○ DEC

1 2 3 4 5 6 7 8 9 10 11 12 13 14 15
16 17 18 19 20 21 22 23 24 25 26 27 29 30 31

— 어디서, 어떻게 상처를 허락할 수밖에 없었을까? ————————————————

☐

☐

☐

☐

☐

— 상처를 어떻게 치유할 수 있을까. ———— ♥ ———— 상처를 치유하는 말씀과 기도 —

성경 :

기도 :

— 어디서, 어떻게 상처를 허락할 수밖에 없었을까? —

☐

☐

☐

☐

☐

— 상처를 어떻게 치유할 수 있을까. — ♥ — 상처를 치유하는 말씀과 기도 —

성경 :

기도 :

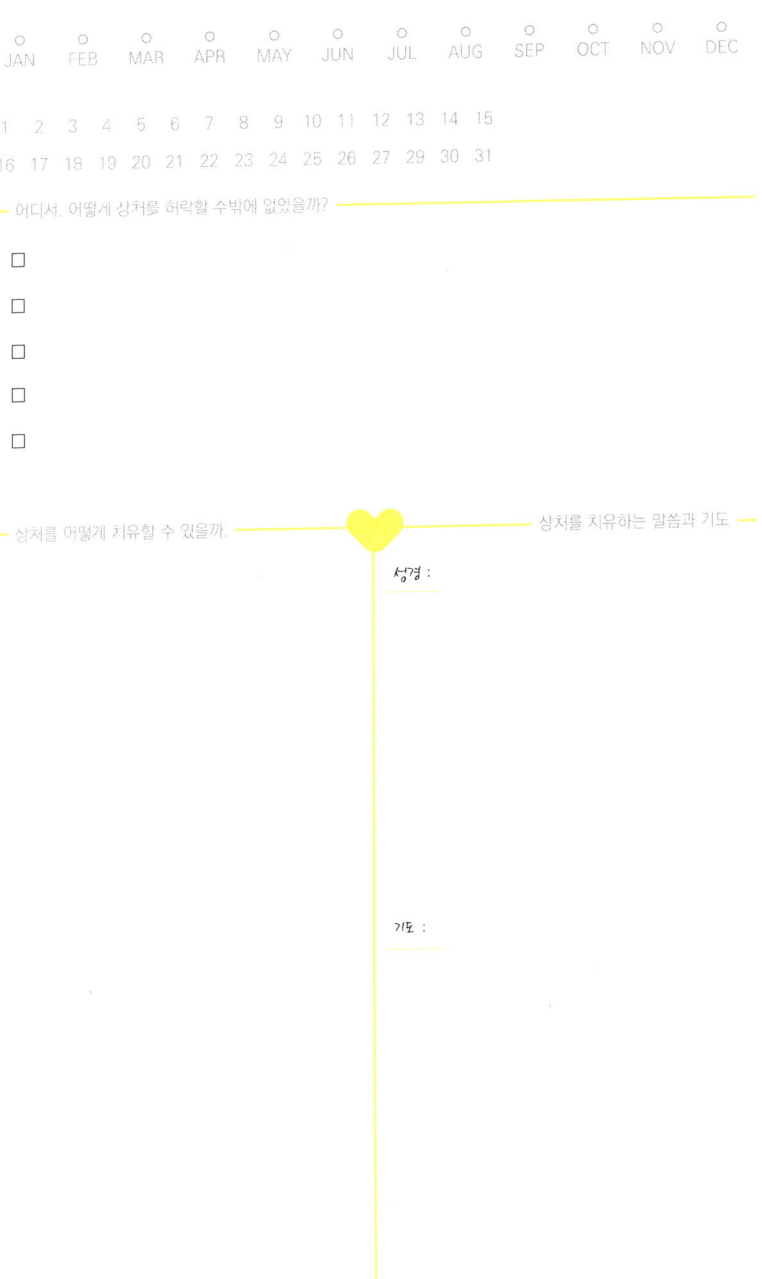

○ JAN   ○ FEB   ○ MAR   ○ APR   ○ MAY   ○ JUN   ○ JUL   ○ AUG   ○ SEP   ○ OCT   ○ NOV   ○ DEC

1 2 3 4 5 6 7 8 9 10 11 12 13 14 15
16 17 18 19 20 21 22 23 24 25 26 27 29 30 31

— 어디서, 어떻게 상처를 허락할 수밖에 없었을까? —

☐

☐

☐

☐

☐

— 상처를 어떻게 치유할 수 있을까. —   — 상처를 치유하는 말씀과 기도 —

섬경 :

기도 :

── 어디서, 어떻게 상처를 허락할 수밖에 없었을까? ──────────────

☐

☐

☐

☐

☐

── 상처를 어떻게 치유할 수 있을까. ──────♥──────── 상처를 치유하는 말씀과 기도. ──

성경 :

기도 :

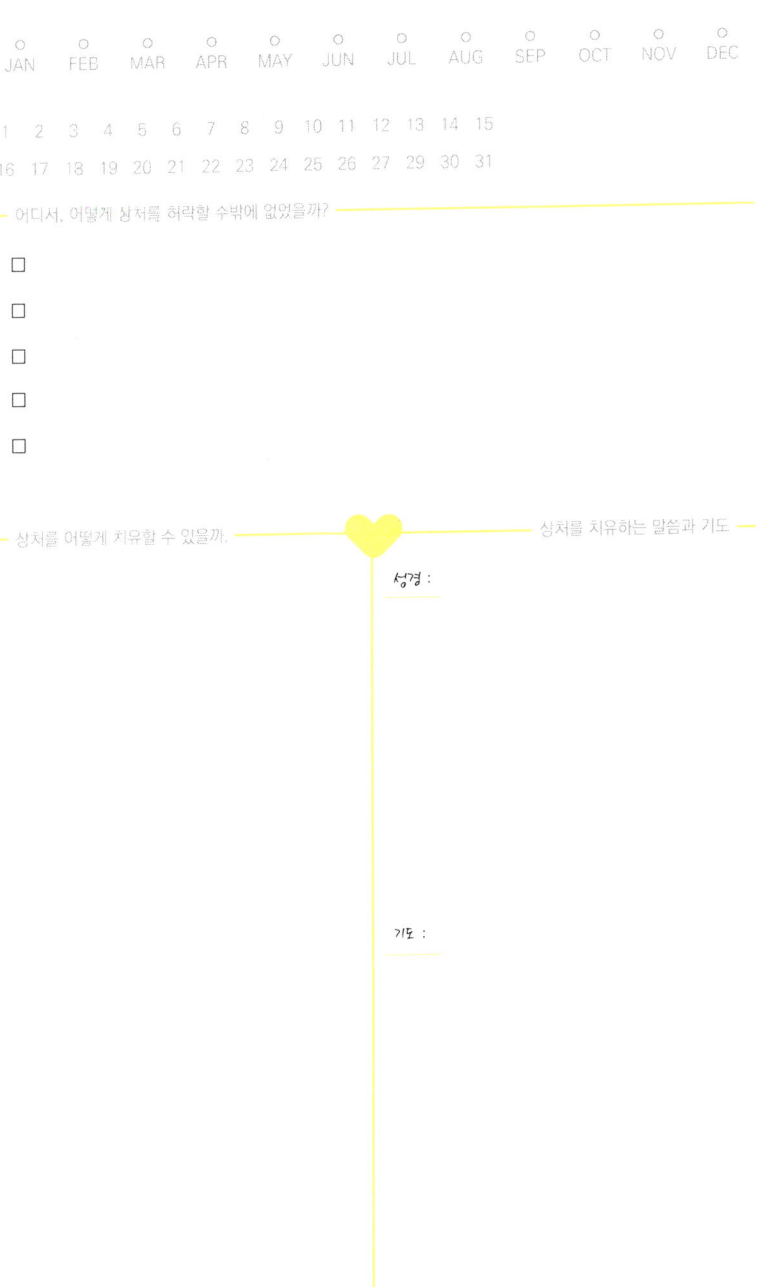

JAN FEB MAR APR MAY JUN JUL AUG SEP OCT NOV DEC

1 2 3 4 5 6 7 8 9 10 11 12 13 14 15
16 17 18 19 20 21 22 23 24 25 26 27 29 30 31

— 어디서, 어떻게 상처를 허락할 수밖에 없었을까? —

☐

☐

☐

☐

☐

— 상처를 어떻게 치유할 수 있을까. —   — 상처를 치유하는 말씀과 기도 —

성경 :

기도 :

—— 어디서, 어떻게 상처를 허락할 수밖에 없었을까? ————————

☐

☐

☐

☐

☐

—— 상처를 어떻게 치유할 수 있을까. ———— ♥ ———— 상처를 치유하는 말씀과 기도 ——

성경 :

기도 :

— 어디서, 어떻게 상처를 허락할 수밖에 없었을까? —

☐

☐

☐

☐

☐

— 상처를 어떻게 치유할 수 있을까. —　　　　— 상처를 치유하는 말씀과 기도 —

성경 :

기도 :

○ JAN   ○ FEB   ○ MAR   ○ APR   ○ MAY   ○ JUN   ○ JUL   ○ AUG   ○ SEP   ○ OCT   ○ NOV   ○ DEC

1 2 3 4 5 6 7 8 9 10 11 12 13 14 15
16 17 18 19 20 21 22 23 24 25 26 27 29 30 31

— 어디서, 어떻게 상처를 허락할 수밖에 없었을까? ——————————————————

☐

☐

☐

☐

☐

— 상처를 어떻게 치유할 수 있을까. ——————— ♥ ——————— 상처를 치유하는 말씀과 기도 —

성경 :

기도 :

○ JAN   ○ FEB   ○ MAR   ○ APR   ○ MAY   ○ JUN   ○ JUL   ○ AUG   ○ SEP   ○ OCT   ○ NOV   ○ DEC

1 2 3 4 5 6 7 8 9 10 11 12 13 14 15
16 17 18 19 20 21 22 23 24 25 26 27 29 30 31

— 어디서, 어떻게 상처를 허락할 수밖에 없었을까? —

☐

☐

☐

☐

☐

— 상처를 어떻게 치유할 수 있을까. —   — 상처를 치유하는 말씀과 기도 —

성경 :

기도 :

— 어디서, 어떻게 상처를 허락할 수밖에 없었을까? —

☐

☐

☐

☐

☐

— 상처를 어떻게 치유할 수 있을까. — ♥ — 상처를 치유하는 말씀과 기도 —

성경 :

기도 :

— 어디서, 어떻게 상처를 허락할 수밖에 없었을까? ————————————

☐

☐

☐

☐

☐

— 상처를 어떻게 치유할 수 있을까. ——— ♥ ——— 상처를 치유하는 말씀과 기도 —

성경 :

기도 :

1 2 3 4 5 6 7 8 9 10 11 12 13 14 15
16 17 18 19 20 21 22 23 24 25 26 27 29 30 31

— 어디서, 어떻게 상처를 허락할 수밖에 없었을까? ————————————

☐

☐

☐

☐

☐

— 상처를 어떻게 치유할 수 있을까. ——————— ❤ ——————— 상처를 치유하는 말씀과 기도 —

성경 :

기도 :

— 어디서, 어떻게 상처를 허락할 수밖에 없었을까? —

☐

☐

☐

☐

☐

— 상처를 어떻게 치유할 수 있을까. — ♥ — 상처를 치유하는 말씀과 기도 —

성경 :

기도 :

— 어디서, 어떻게 상처를 허락할 수밖에 없었을까? —

☐

☐

☐

☐

☐

— 상처를 어떻게 치유할 수 있을까? —   — 상처를 치유하는 말씀과 기도 —

성경 :

기도 :

— 어디서, 어떻게 상처를 허락할 수밖에 없었을까? —

☐

☐

☐

☐

☐

— 상처를 어떻게 치유할 수 있을까. —   — 상처를 치유하는 말씀과 기도 —

성경 :

기도 :

─── 어디서, 어떻게 상처를 허락할 수밖에 없었을까? ───

☐

☐

☐

☐

☐

─── 상처를 어떻게 치유할 수 있을까. ❤ 상처를 치유하는 말씀과 기도 ───

성경 :

기도 :

── 어디서, 어떻게 상처를 허락할 수밖에 없었을까? ──────────

☐

☐

☐

☐

☐

── 상처를 어떻게 치유할 수 있을까. ──────── ♥ ──────── 상처를 치유하는 말씀과 기도 ──

성경 :

기도 :

— 언제, 어디서, 어떻게 상처를 허락할 수밖에 없었을까? ————————————

☐

☐

☐

☐

☐

— 상처를 어떻게 치유할 수 있을까 ——————— ♥ ————— 상처를 치유하는 말씀과 기도 —

성경 :

기도 :

— 어디서, 어떻게 상처를 허락할 수밖에 없었을까? —

☐

☐

☐

☐

☐

— 상처를 어떻게 치유할 수 있을까. — ♥ — 상처를 치유하는 말씀과 기도 —

성경 :

기도 :

—— 어디서, 어떻게 상처를 허락할 수밖에 없었을까? ——————————————

☐

☐

☐

☐

☐

—— 상처를 어떻게 치유할 수 있을까. ——————— ♥ ——————— 상처를 치유하는 말씀과 기도 ——

성경 :

기도 :

— 어디서, 어떻게 상처를 허락할 수밖에 없었을까? —

☐

☐

☐

☐

☐

— 상처를 어떻게 치유할 수 있을까. —   ♥   — 상처를 치유하는 말씀과 기도 —

성경 :

기도 :

— 어디서, 어떻게 상처를 허락할 수밖에 없었을까? ————————————

☐

☐

☐

☐

☐

— 상처를 어떻게 치유할 수 있을까. ———— 💛 ———— 상처를 치유하는 말씀과 기도 —

성경 :

기도 :

1 2 3 4 5 6 7 8 9 10 11 12 13 14 15
16 17 18 19 20 21 22 23 24 25 26 27 29 30 31

— 어디서, 어떻게 상처를 허락할 수밖에 없었을까? —

☐

☐

☐

☐

☐

— 상처를 어떻게 치유할 수 있을까. — ♥ — 상처를 치유하는 말씀과 기도 —

성경 :

기도 :

── 어디서, 어떻게 상처를 허락할 수밖에 없었을까? ──────────────

☐

☐

☐

☐

☐

── 상처를 어떻게 치유할 수 있을까. ──────── ♥ ──────── 상처를 치유하는 말씀과 기도 ──

성경 :

기도 :

── 어디서, 어떻게 상처를 허락할 수밖에 없었을까? ────────────────────

☐

☐

☐

☐

☐

── 상처를 어떻게 치유할 수 있을까. ──────   ────── 상처를 치유하는 말씀과 기도 ──

성경 :

기도 :

— 어디서, 어떻게 상처를 허락할 수밖에 없었을까? —

☐

☐

☐

☐

☐

— 상처를 어떻게 치유할 수 있을까. —　　　♥　　　— 상처를 치유하는 말씀과 기도 —

성경 :

기도 :

─── 어디서, 어떻게 상처를 허락할 수밖에 없었을까? ───────────────

☐

☐

☐

☐

☐

─── 상처를 어떻게 치유할 수 있을까. ───   ♥   ─── 상처를 치유하는 말씀과 기도 ───

성경 :

기도 :

—— 어디서, 어떻게 상처를 허락할 수밖에 없었을까? ——————————

☐

☐

☐

☐

☐

—— 상처를 어떻게 치유할 수 있을까. ——— ❤ ——— 상처를 치유하는 말씀과 기도 ——

성경 :

기도 :

— 어디서, 어떻게 상처를 허락할 수밖에 없었을까? ————————————

☐

☐

☐

☐

☐

— 상처를 어떻게 치유할 수 있을까. ——————— ♥ ——————— 상처를 치유하는 말씀과 기도 —

성경 :

기도 :

— 어디서, 어떻게 상처를 허락할 수밖에 없었을까? —

☐

☐

☐

☐

☐

— 상처를 어떻게 치유할 수 있을까. — ♥ — 상처를 치유하는 말씀과 기도 —

성경 :

기도 :

─ 어디서, 어떻게 상처를 허락할 수밖에 없었을까? ──────────

☐

☐

☐

☐

☐

─ 상처를 어떻게 치유할 수 있을까. ──────────♥──────── 상처를 치유하는 말씀과 기도 ─

성경 :

기도 :

1 2 3 4 5 6 7 8 9 10 11 12 13 14 15
16 17 18 19 20 21 22 23 24 25 26 27 29 30 31

── 어디서, 어떻게 상처를 허락할 수밖에 없었을까? ──────────────

☐

☐

☐

☐

☐

── 상처를 어떻게 치유할 수 있을까. ──────── ♥ ──────── 상처를 치유하는 말씀과 기도 ──

성경 :

기도 :

○   ○   ○   ○   ○   ○   ○   ○   ○   ○   ○   ○

JAN   FEB   MAR   APR   MAY   JUN   JUL   AUG   SEP   OCT   NOV   DEC

1 2 3 4 5 6 7 8 9 10 11 12 13 14 15

16 17 18 19 20 21 22 23 24 25 26 27 29 30 31

— 어디서, 어떻게 상처를 허락할 수밖에 없었을까? —

☐

☐

☐

☐

☐

— 상처를 어떻게 치유할 수 있을까. —   — 상처를 치유하는 말씀과 기도 —

성경 :

기도 :

── 어디서, 어떻게 상처를 허락할 수밖에 없었을까? ──────────────────

☐

☐

☐

☐

☐

── 상처를 어떻게 치유할 수 있을까. ────── ♥ ────── 상처를 치유하는 말씀과 기도 ──

성경 :

기도 :

1 2 3 4 5 6 7 8 9 10 11 12 13 14 15
16 17 18 19 20 21 22 23 24 25 26 27 29 30 31

— 어디서, 어떻게 상처를 허락할 수밖에 없었을까? —————————

☐

☐

☐

☐

☐

— 상처를 어떻게 치유할 수 있을까. ——————   ——— 상처를 치유하는 말씀과 기도 —

성경 :

기도 :

1 2 3 4 5 6 7 8 9 10 11 12 13 14 15
16 17 18 19 20 21 22 23 24 25 26 27 29 30 31

— 어디서, 어떻게 상처를 허락할 수밖에 없었을까? —

☐

☐

☐

☐

☐

— 상처를 어떻게 치유할 수 있을까. —　♥　— 상처를 치유하는 말씀과 기도 —

성경 :

기도 :

○ JAN　○ FEB　○ MAR　○ APR　○ MAY　○ JUN　○ JUL　○ AUG　○ SEP　○ OCT　○ NOV　○ DEC

1　2　3　4　5　6　7　8　9　10　11　12　13　14　15
16　17　18　19　20　21　22　23　24　25　26　27　29　30　31

── 어디서, 어떻게 상처를 허락할 수밖에 없었을까? ──────────────

☐

☐

☐

☐

☐

── 상처를 어떻게 치유할 수 있을까. ──────　♥　────── 상처를 치유하는 말씀과 기도 ──

성경 :

기도 :

1   2   3   4   5   6   7   8   9   10   11   12   13   14   15
16   17   18   19   20   21   22   23   24   25   26   27   29   30   31

── 어디서, 어떻게 상처를 허락할 수밖에 없었을까? ────────────────────

☐

☐

☐

☐

☐

── 상처를 어떻게 치유할 수 있을까. ──────── ♥ ──────── 상처를 치유하는 말씀과 기도 ──

성경 :

기도 :

— 어디서, 어떻게 상처를 허락할 수밖에 없었을까? —

☐

☐

☐

☐

☐

— 상처를 어떻게 치유할 수 있을까. — ♥ — 상처를 치유하는 말씀과 기도 —

성경 :

기도 :

불편한 것을 직면할 때
우리는 아프지만,
상처를 통해 우리는 성장합니다.